NIVEL 1

D0508544

Los Ponis

Laura Marsh

NATIONAL GEOGRAPHIC

Washington, D.C.

Para Alec
—L. F. M.

Derechos de autor © 2015 National Geographic Society

Publicado por National Geographic Society, Washington, D.C. 20036.

Todos los derechos reservados.

La reproducción parcial o total del material sin el permiso de la editorial está prohibida.

Diseñado por YAY! Design

Libro en rústica comercial : 978-1-4263-2486-4

Encuadernación de biblioteca reforzada: 978-1-4263-2487-1

Créditos Fotográficos: Tapa, Philip Tull/Oxford Scientific/Photolibrary.com; 1, Zuzule/iStockphoto; 2, Tim Graham/The Image Bank/Getty Images; 4-5, Gallo Images/Getty Images; 6, Eric Isselée/Shutterstock; 7 (arriba, izquierda), Ocean/Corbis; 7 (arriba, derecha), Image Source/Corbis; 7 (al medio, izquierda), Mikhail Kondrashov/iStockphoto.com; 7 (al medio, derecha), Lenkadan/Shutterstock; 7 (abajo, izquierda), Eduard Kyslynskyy/Shutterstock; 7 (abajo, derecha), Daniel Gale/Shutterstock; 8, Jane Burton/naturepl.com; 9, Fionline digitale Bildagentur GmbH/Alamy; 10-11, Cornelia Doerr/Photographer's Choice/Getty Images; 11, ARCO/naturepl.com; 12 (izquierda), Kristel Richard/naturepl.com; 12 (derecha), blickwinkel/Alamy; 13 (arriba, izquierda), Juniors Bildarchiv/Alamy; 13 (arriba, derecha), Rachel Faulise; 13 (abajo, izquierda), Foto Grebler/Alamy; 13 (abajo, derecha), Zuzule/Shutterstock; 14 (arriba, izquierda), teamtime/iStockphoto.com; 14 (arriba, derecha), pastoor/iStockphoto.com; 14 (abajo, izquierda), Andries Oberholzer/Shutterstock; 14 (abajo, derecha), Matti/Alamy; 15 (arriba, izquierda), Zuzule/iStockphoto; 15 (arriba, derecha), enis izgi/iStockphoto.com; 15 (abajo, izquierda), Oshchepkov Dmitry/Shutterstock; 15 (abajo, derecha), Lagui/ Shutterstock; 16 (izquierda), Geoff du Feu/Photodisc/Getty Images; 16 (derecha), Tim Burrett/NationalGeographicStock.com; 17 (arriba), Frank Lukasseck/ Photographer's Choice/Getty Images; 17 (al medio), Kim Tegg/National Geographic My Shot; 17 (abajo), Mikhail Kondrashov "fotomilk"/Alamy; 18-19, Steve Cicero/Corbis; 20-21, Flickr RF/Getty Images; 22, Hulton Archive/Getty Images; 22 (fondo), Torkile/iStockphoto.com; 23, Jack Delano/Hulton Archive/Getty Images; 24-25, Westend61/Getty Images; 25 (arriba), Dorling Kindersley/Getty Images; 25 (al medio), Dorling Kindersley/Getty Images; 25 (abajo), Lynn Johnson/NationalGeographicStock.com; 26, Medford Taylor/National Geographic/Getty Images; 27 (arriba), Danny Smythe/iStockphoto.com; 27 (al medio, derecha), Borodaev/Shutterstock; 27 (al medio, izquierda), Juniors Bildarchiv/Alamy; 27 (abajo), Michael Westhoff/iStockphoto.com; 27 (arriba, izquierda), Ben Molyneux Sports/Alamy; 28 (arriba), Nicole Gordine/Shutterstock; 28 (al medio), Dorling Kindersley/Getty Images; 28 (abajo, izquierda), Timothy Large/Alamy; 28 (abajo, derecha), Dorling Kindersley/Getty Images; 29, Blue Destiny/Alamy; 30 (izquierda), Anja Hild/iStockphoto.com; 30 (derecha), Iurii Konoval/ iStockphoto.com; 31 (arriba, izquierda), Igum nova Irina/Shutterstock; 31 (arriba, derecha), Charles Mann/iStockphoto.com; 31 (abajo, izquierda), jadimages/ Shutterstock; 31 (abajo, derecha), Sian Lewis/iStockphoto.com; 32 (arriba, izquierda), Rachel Faulise; 32 (arriba, derecha), Steve Cicero/Corbis; 32 (abajo, izquierda), Jane Burton/naturepl.com; 32 (abajo, derecha), Ocean/Corbis

National Geographic apoya a los educadores K-12 con Recursos del ELA Common Core.
Visita natgeoed.org/commoncore para más información.

Impreso en los Estados Unidos de América

15/WOR/1

Tabla de contenidos

¡Es un poni! 4

¿Qué es un poni? 6

¡Nace un potro! 8

Razas de ponis 12

Colores y marcas. 14

Ponis salvajes 18

Ponis en el pasado. 22

Los ponis hoy. 24

Cuidando a un poni 26

Cabalgando 28

¿Qué son estos? 30

Glosario. 32

¡Es un poni!

Los ponis son animales especiales. Son lindos y fuertes. Son amables y leales. Les gusta estar con gente y con otros animales.

El poni es un tipo de caballo.

Los caballos y los ponis se miden en manos. Los ponis miden 14,2 manos o menos.

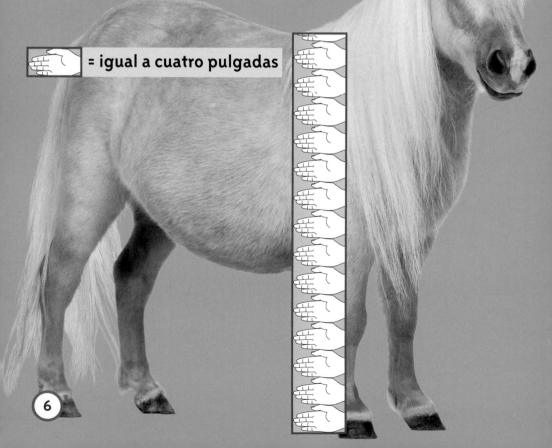

= igual a cuatro pulgadas

El caballo   El poni

PIERNAS

piernas largas   piernas cortas

CUERPO

cuerpo elegante   cuerpo ancho

ALTURA

alto   bajo

¡Nace un potro!

Poni-palabra

YEGUA:
Un caballo
hembra

Es primavera. Una yegua tiene un
poni bebé. El bebé se llama potro.
¡Bienvenido, pequeño!

El potro se puede parar pronto después de nacer. Al principio está inseguro.

¡Pronto el potro va a correr y jugar!

Los ponis hembras se llaman potras.

Los ponis machos se llaman potros.

Razas de ponis

Hay muchos tipos de ponis en todo el mundo.

Algunas razas de ponis han existido por muchos, muchos años. Otras son razas nuevas.

Poni-palabra

RAZA: Un grupo de animales que tienen rasgos similares y se parecen

Poni de las montañas galesas

Poni Exmoor

Poni Dartmoor

Poni Assateague

Poni de los fiordos noruegos

Poni Connemara

Colores y marcas

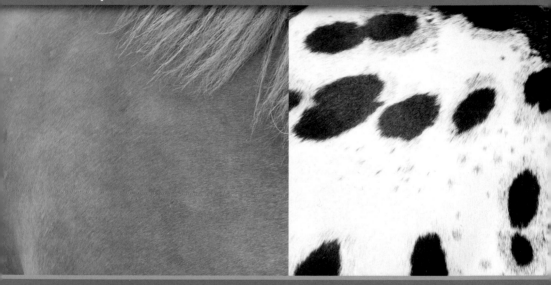

palomino

manchado

ruano azul

castaño

Los ponis pueden ser de muchos colores. Pueden tener manchas o marcas también.

bayo

pintado

gris moteado

marrón

Algunos ponis tienen manchas de pelo blanco. Éstas se llaman marcas.

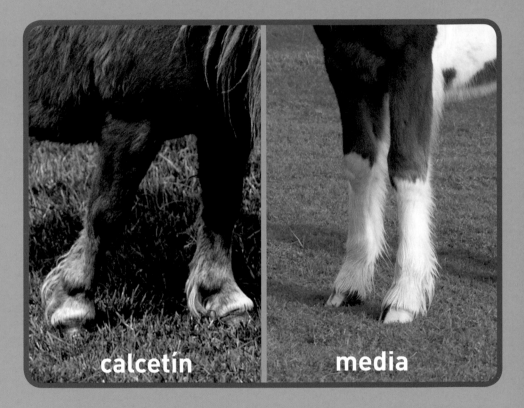

calcetín

media

Las patas de un poni pueden tener un calcetín o una media.

marca ancha

estrella

La cabeza de un poni puede tener una lista ancha, una estrella, una marca canosa o una raya.

marca chica

raya

Ponis salvajes

Todavía existen ponis salvajes hoy en día.

Una manada de ponis salvajes vive en Maryland y Virginia, EEUU.

Se llaman los ponis Chincoteague y Assateague.

¿Chincoteague?
Se dice *SHING-keh-tig*

¿Assateague?
Se dice *AS-seh-tig*

Poni-palabra

MANADA: Un grupo grande de animales que viven juntos

¡Esa manada ha existido por más de 500 años!

A los ponis salvajes no se les da
comida ni refugio.

Corren libremente.

Poni-palabra

REFUGIO:
Un lugar seguro
que sirve para
protegerse
ante malas
condiciones
climáticas

Ponis en el pasado

En el pasado, los ponis se usaban para trabajar.

Los ponis llevaban carretas por los pueblos. Transportaban a las personas y sus cosas.

Una carreta llevada por un poni

Un poni en una mina de carbón

Los ponis también trabajaban en fincas, en las montañas y en las minas de carbón.

Los ponis hoy

Hoy los ponis todavía se usan para trabajar.

Pero en general la gente los usa para cabalgar y disfrutar.

Las personas montan ponis en concursos y carreras. También, andan en poni por el campo.

Y hasta cuando están de vacaciones.

Cuidando a un poni

Los ponis son excelentes mascotas. ¡Pero requieren mucho trabajo!

P ¿Qué animal siempre se acuesta con los zapatos puestos?

¡¡un poni! **R**

Todos los días un poni necesita comida y agua fresca, ejercicio, cepillados y limpieza.

Cabalgando

casco

Se terminó el trabajo.
¡Es hora de montar!

Vas a necesitar ropa
especial. Esta ropa te
protege a ti y al poni.

pantalón de equitación

botas

guantes

Ahora
los dos
pueden
disfrutar
de la
experiencia.

¿Qué son estos?

Estas imágenes muestran de cerca cosas sobre los ponis. Usa las pistas para descubrir qué representa cada imagen.

Las respuestas se encuentran en la página 31.

PISTA: Esta marca en la cabeza del poni es grande y blanca.

PISTA: Cuando montas el poni, te sientas en ella.

CUADRO DE PALABRAS

el crin	la marca ancha	el casco
la silla de montar	la estrella	el potro

3

PISTA: El poni bebé se llama así durante su primer año.

4

PISTA: Tienes que usar esto cuando andas en poni.

5

PISTA: El cuello del poni tiene este pelo largo.

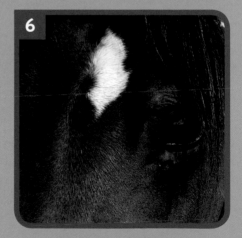

6

PISTA: Esta marca en la cabeza del poni se parece a algo que ves de noche.

Respuestas: 1. la marca ancha, 2. la silla de montar, 3. el potro, 4. el casco, 5. el crin, 6. la estrella

RAZA: Un grupo de animales que tienen rasgos similares y se parecen

MANADA: Un grupo grande de animales que viven juntos

YEGUA: Un caballo hembra

REFUGIO: Un lugar seguro que sirve para protegerse ante malas condiciones climáticas